तन्हा रातें VOL - 6

श्रीराज मेनन

Copyright © Shreeraj Menon
All Rights Reserved.

This book has been published with all efforts taken to make the material error-free after the consent of the author. However, the author and the publisher do not assume and hereby disclaim any liability to any party for any loss, damage, or disruption caused by errors or omissions, whether such errors or omissions result from negligence, accident, or any other cause.

While every effort has been made to avoid any mistake or omission, this publication is being sold on the condition and understanding that neither the author nor the publishers or printers would be liable in any manner to any person by reason of any mistake or omission in this publication or for any action taken or omitted to be taken or advice rendered or accepted on the basis of this work. For any defect in printing or binding the publishers will be liable only to replace the defective copy by another copy of this work then available.

क्रम-सूची

क्रम-सूची

क्रम-सूची

क्रम-सूची

क्रम-सूची

भूमिका

पुस्तक में लेखक द्वारा लिखित हिंदी कविताएँ और शायरी शामिल हैं। इसमें कविताएं, शायरी और प्रेरणादायक उद्धरण शामिल हैं।

इस पुस्तक में लेखक द्वारा लिखी गई कुछ कविताएँ और शायरियाँ हैं जो प्रेम, प्रकृति और जीवन के सामान्य दैनिक पहलुओं पर आधारित हैं। कुछ प्रेरक प्रसंग भी हैं। प्यार में पाया गया प्यार, खोया हुआ प्यार और फिर से जगा हुआ प्यार शामिल है। इसी तरह, प्रकृति में प्रकृति का महत्व है और लोग बिना किसी दुष्प्रभाव के प्रकृति का अपने फायदे के लिए दुरुपयोग करते हैं। सामान्य में जीवन के सामान्य पहलू होते हैं जो लोगों और परिवेश के साथ चलते हैं।

पावती (स्वीकृति)

मैं अपने उन दोस्तों को धन्यवाद देना चाहता हूं जिन्होंने मुझे कविताएं और शायरी लिखने के लिए प्रेरित किया, जिसे मैं कहता था और भूल जाता था। मैं Your Quote प्लेटफॉर्म और उसके सभी सदस्यों और समूहों को भी धन्यवाद देना चाहता हूं जिन्होंने मुझे अनुमति दी और मुझे इसके मंच पर अपनी सामग्री लिखने के लिए प्रेरित किया। मैं नोशन प्रेस और उसके सभी सदस्यों को भी धन्यवाद देना चाहता हूं जिन्होंने मुझे अपनी सामग्री को अपने मंच और समय-समय पर मार्गदर्शन के माध्यम से प्रकाशित करने की अनुमति दी, जो उन्होंने मुझे मेरी त्रुटियों को ठीक करने के लिए दिया।

1. आबाई - पुश्तैनी

@tanhabatein
AG
आबाई खयालतों में खोया रहता था मैं
तेरे आने से मेरी ज़िन्दगी बदल सा गया है
— Raj
आबाई
aabaa.ii ·آبائی
पुश्तैनी/ancestral

2. बेदाद - ज़ुल्म/अन्याय

3. आयत - कविता क़ुरान की

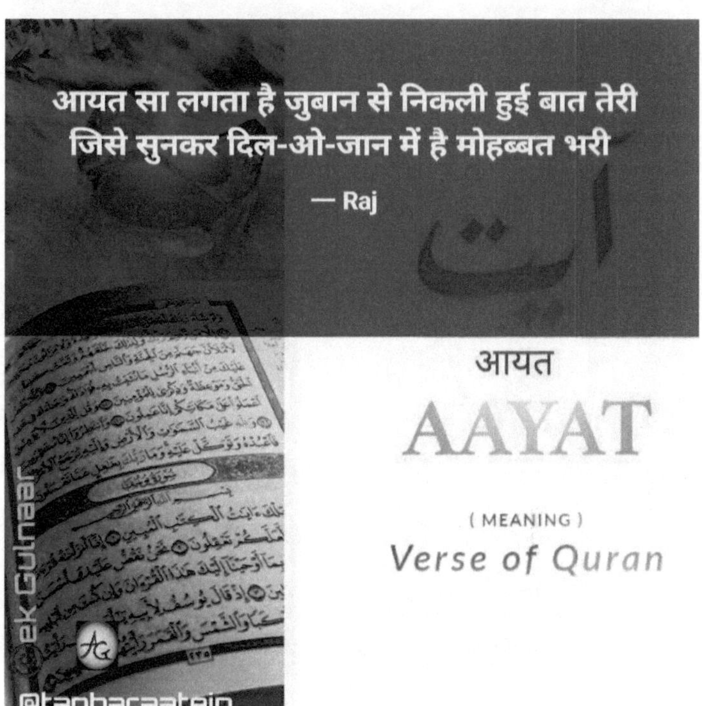

आयत

AAYAT

(MEANING)
Verse of Quran

4. निगाहों के नशा

• 4 •

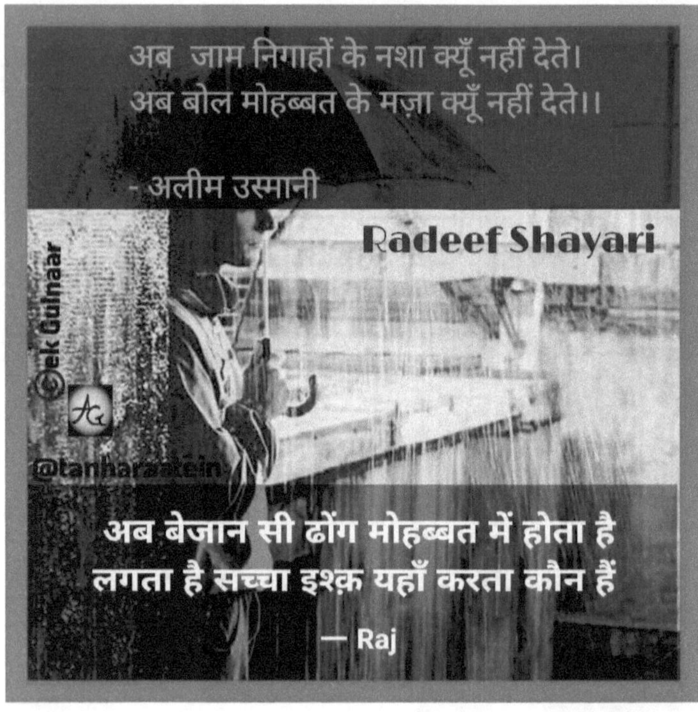

अब जाम निगाहों के नशा क्यूँ नहीं देते।
अब बोल मोहब्बत के मज़ा क्यूँ नहीं देते।।

- अलीम उस्मानी

Radeef Shayari

@ek Gulmaar

@tanharaatein

अब बेजान सी ढोंग मोहब्बत में होता है
लगता है सच्चा इश्क़ यहाँ करता कौन हैं

— Raj

5. सु गालों में

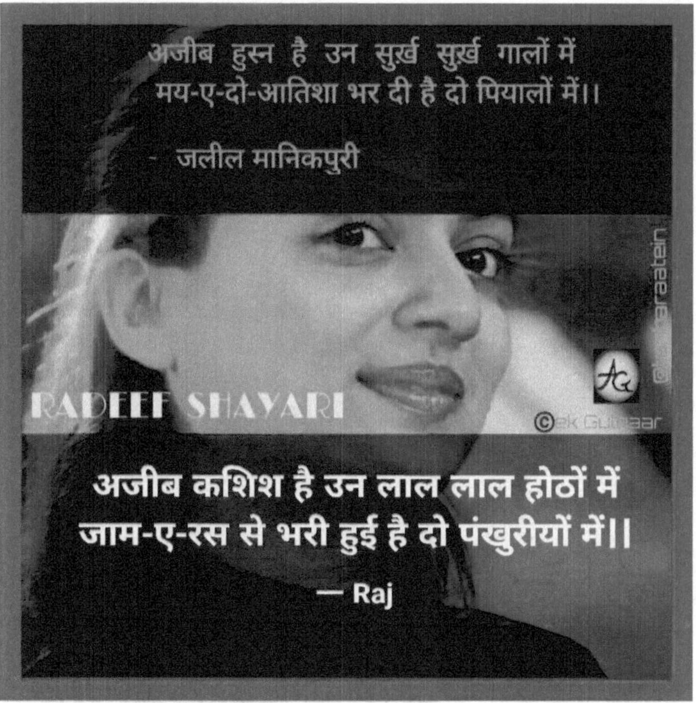

अजीब हुस्न है उन सुर्ख़ सुर्ख़ गालों में
मय-ए-दो-आतिशा भर दी है दो पियालों में।।

- जलील मानिकपुरी

RADEEF SHAYARI

अजीब कशिश है उन लाल लाल होठों में
जाम-ए-रस से भरी हुई है दो पंखुरीयों में।।

— Raj

6. कामरान - सफल

और जितना जी चाहे उतना इम्तिहान कर लें
कामरान हूँ मैं इश्क़ की हर उस मुकाबले में
— Raj
कामران
@ek Gulnaar
@tanharaatein
KAMRAN
कामरान
(MEANING)
सफल Successful

7. बाब - किताब की अध्याय

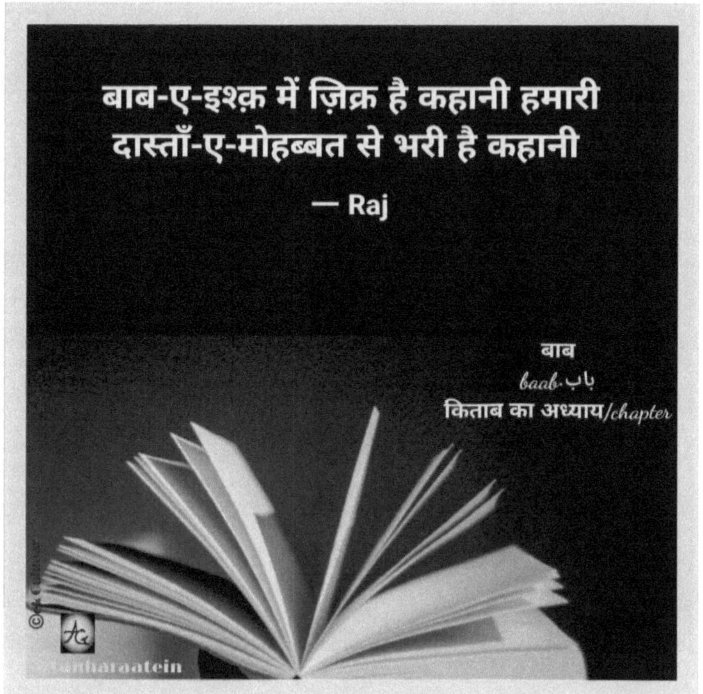

८. बिजलियों का बोला था

9. ज़ोर की बरसात थी

• 9 •

फ़न
ए
मिसरा
@tanhavaatein
ज़ोर की बरसात थी और बिजलियों का बोला था।
बाहों में तुम थी और जिस्म में गर्माहट था।।
— Raj

10. बराए मेहरबानी

Baraye meharbani
बराए मेहरबानी • براۓ مہربانی
(please)
@tanharaatein
©ek Gulnaar
बराए मेहरबानी आप अपना तारीफ़ बताए
मै क्या तारीफ़ करूँ आप ख़ुद ही से बताए
— Raj

11. ग़म-कशीदा - दुखी

चाहता है खुश मिज़ाज़ रहने को सब यहाँ
तकदीर का मारा ग़म-कशीदा है सब यहाँ
— Raj
ग़म-कशीदा
Gam-kashiida
दुखी/sad
ek Gulnaar
@tanharaatein

12. फ़राज़ - ऊँचाई/बुलंदी

13. रिसाला - पत्रिका

दास्ताँ-ए-मोहब्बत फ़ैला है सारे जहाँ पर
उल्फ़त की कहानी है रिसाला के पन्नों पर
— Raj
©ek Culnaar
@tanharaatein
रिसाला
RISAALA
MAGAZINE पत्रिका

14. ज़िंहार - देख-रेख

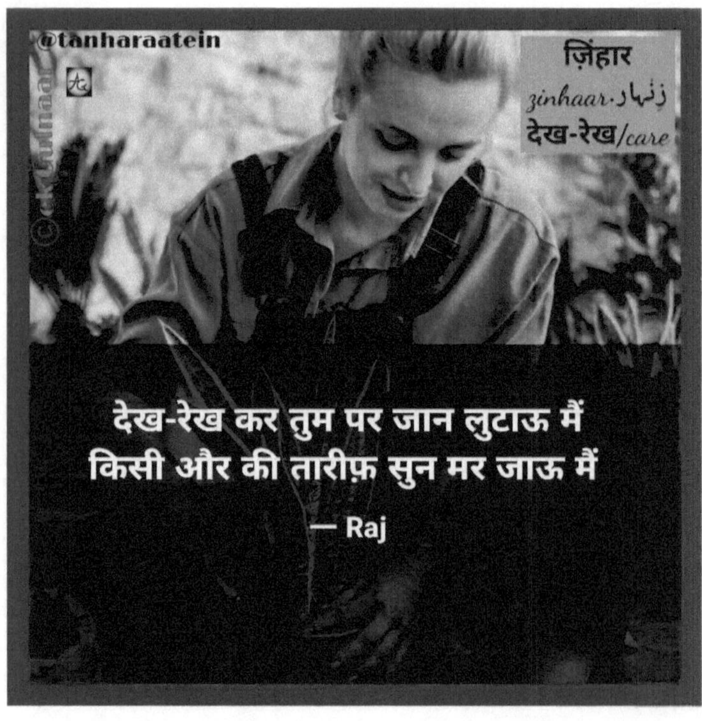
@tanharaatein
ज़िंहार
zinhaar·زنہار
देख-रेख/care
देख-रेख कर तुम पर जान लुटाऊ मैं
किसी और की तारीफ़ सुन मर जाऊ मैं
— Raj

15. हामून - रेगिस्तान

@tanharaatein
©ek Gulnaar
हामून
haamoon
desert
[रेगिस्तान]
दिल-ए-हामून में हरयाली कब खिलेगी
कोरा सा काग़ज़ पर रंग फ़िर कब चढ़ेगी

इंतजार है उस पल का मुझें बड़े बेसब्री से
जब मुलाक़ात हो और इश्क़ बेशुमार होगी

— Raj

16. दिल-फेंक - इश्कबाज

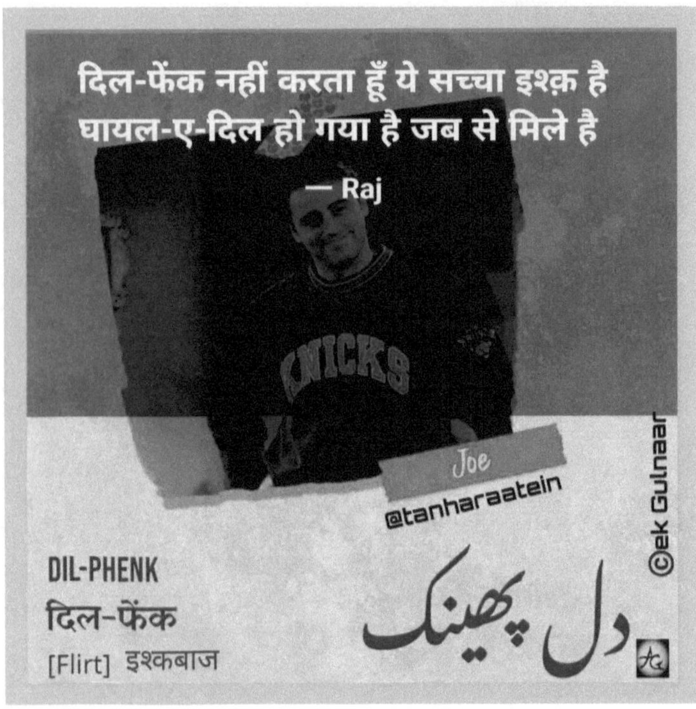

17. क़ब्ज़ा - क़ाबू

दिल पर मेरे क़ब्ज़ा-ए-मोहब्बत तेरे
मन में मेरे खूसूरत सा एहसास तेरे
— Raj
@tanharaatein
क़ब्ज़ा
qabza
क़ाबू, possession

18. रौशनी-ए-चराग़

फ़न
ए
मिसरा
@ek Gulnaar
@tanharaatein
शब भर अंधेरा रहा रौशनी-ए-चराग़ मयस्सर न हुई।
दिन भर रौशनी रहा तकदीर-ए-इश्क़ मयस्सर न हुई।।
— Raj

19. मश्क़ - व्यायाम/ अभ्यास

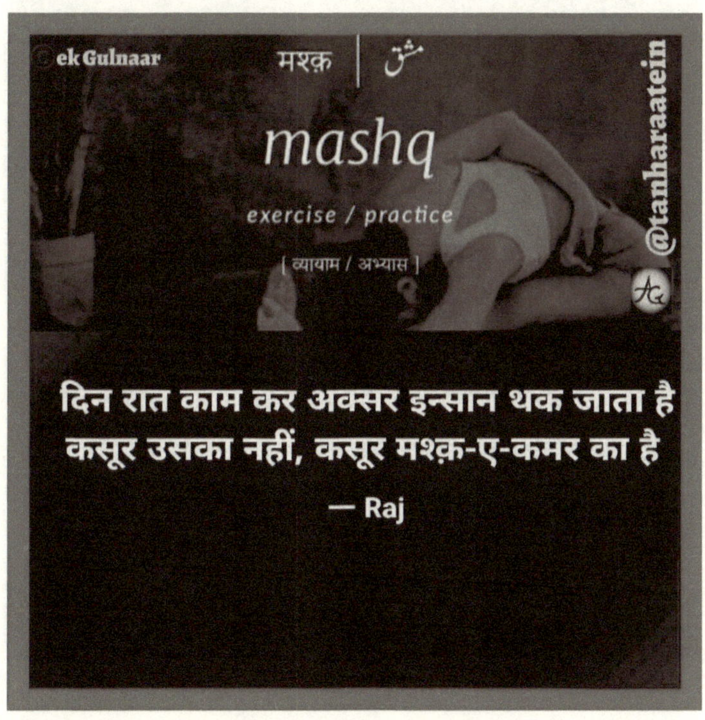

20. ज़ाग़ - कौवा

ज़ाग़
zaaG: ज़ाग़
कौआ/crow
दरीचे मे बैठकर ज़ाग़ कुछ कहता है हमसे
इंतजार-ए-मोहब्बत ख़त्म हो जाएगा जल्दी से
— Raj

21. हमा-गीर - फैला हुआ

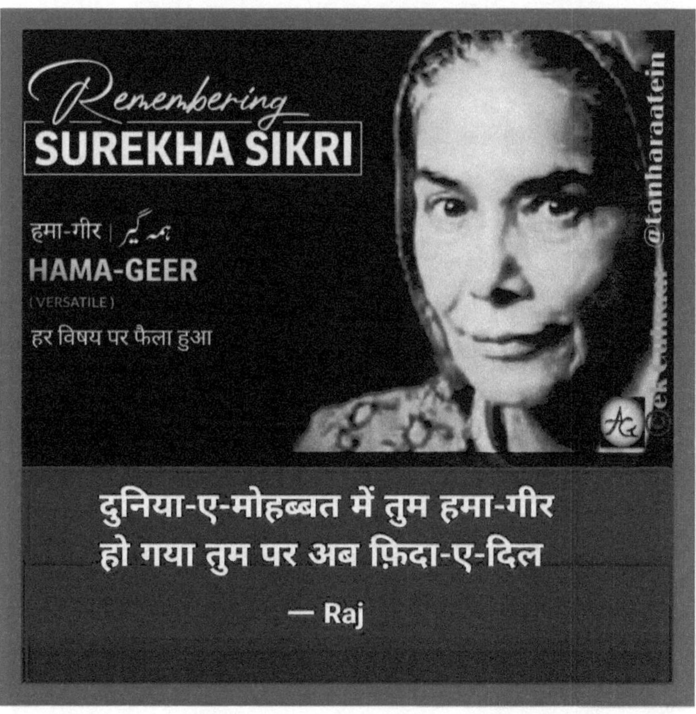

Remembering
SUREKHA SIKRI
हमा-गीर
HAMA-GEER
(VERSATILE)
हर विषय पर फैला हुआ
दुनिया-ए-मोहब्बत में तुम हमा-गीर
हो गया तुम पर अब फ़िदा-ए-दिल
— Raj
@tanharaatein

22. एहतिजाज - विरोध

एहतिजाज
ehtijaaj · احتجاج
विरोध/protest

No
Justice
No
Peace

एहतिजाज कर अपनी मोहब्बत को कब तक छुपा लोगी तुम
खुल जाएगा छुपा राज़ एक दिन ज़माने में यह जान लो तुम
— Raj

ek Gulnaar @tanharaatein

23. हुस्न-ए-तबस्सुम - सुन्दर मुस्कान

24. ग़म-ए-उल्फ़त - प्यार का दुःख

25. गुल-पोश - फूलों से लदा हुआ

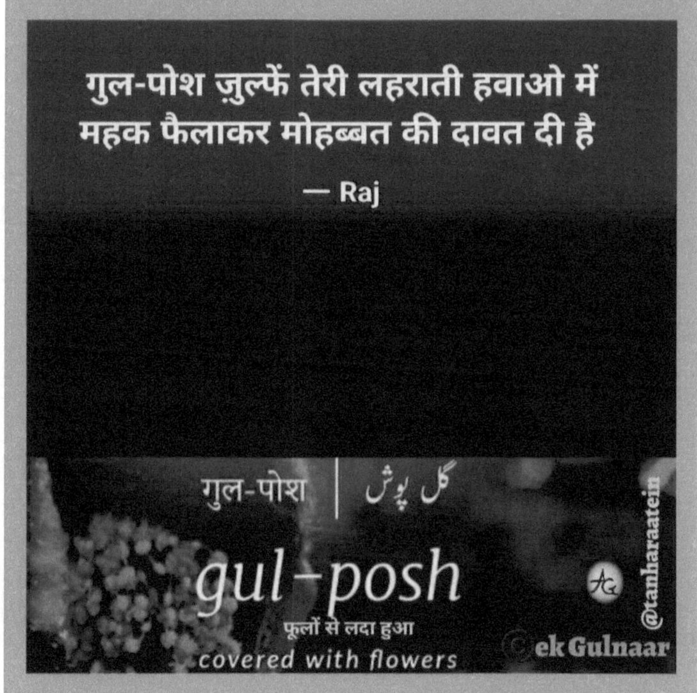

26. हर्बा - अस्त्र/हथियार

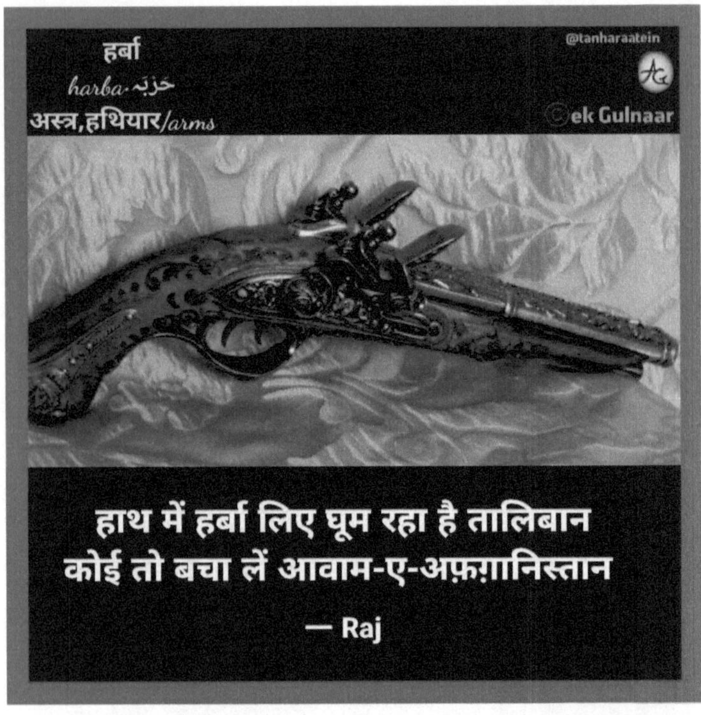

27. ज़ीनत - रम्यता/लालित्य

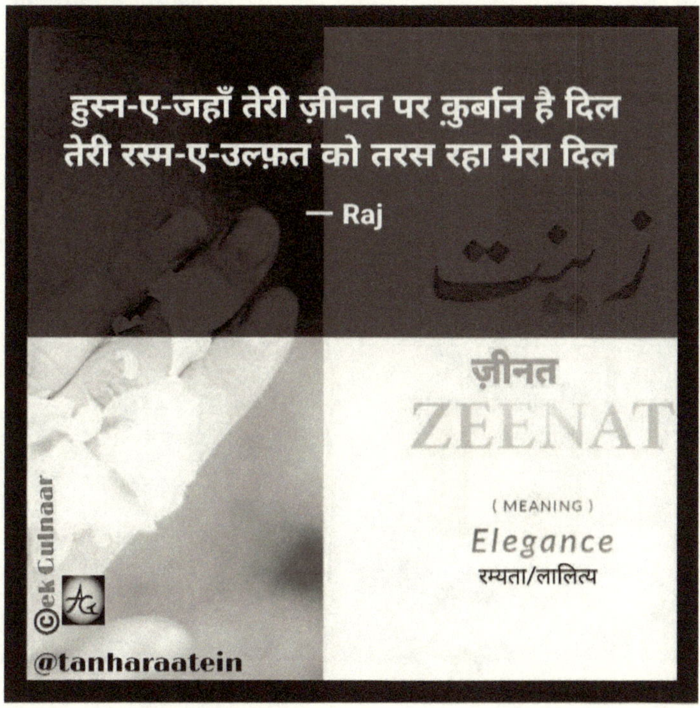

28. इत्तिहाद - एकता

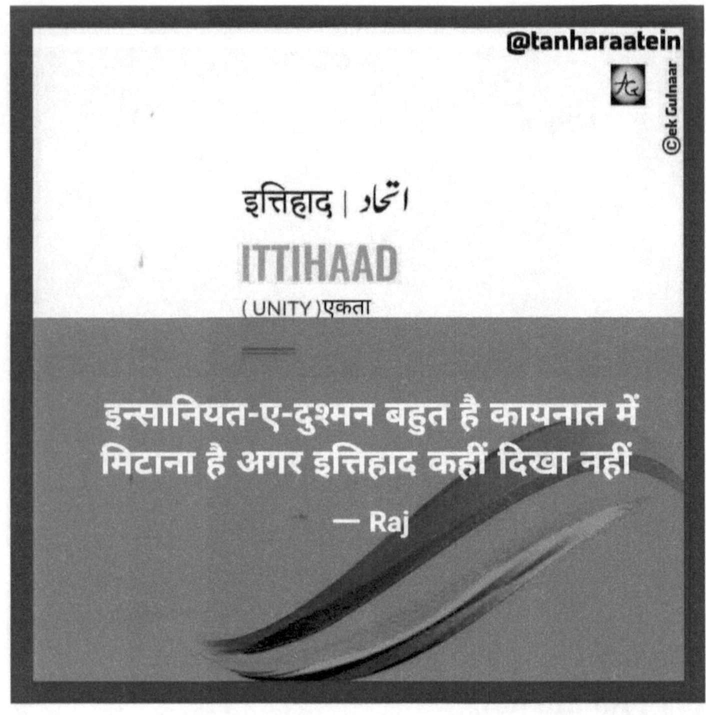
@tanharaatein
इत्तिहाद
ITTIHAAD
(UNITY)एकता
इन्सानियत-ए-दुश्मन बहुत है कायनात में
मिटाना है अगर इत्तिहाद कहीं दिखा नहीं
— Raj
©ek Gulnaar

29. ज़हीन - बुद्धिमान

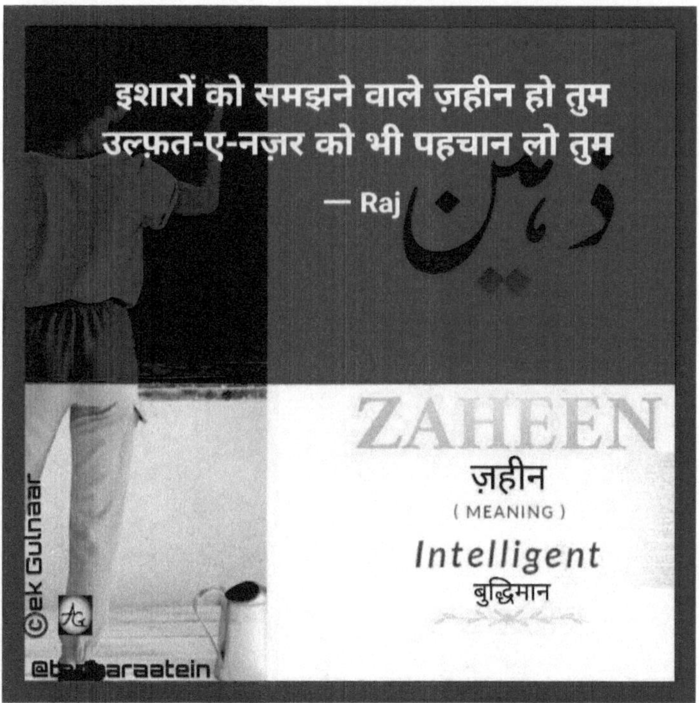

इशारों को समझने वाले ज़हीन हो तुम
उल्फ़त-ए-नज़र को भी पहचान लो तुम
— Raj
ZAHEEN
ज़हीन
(MEANING)
Intelligent
बुद्धिमान
©ek Gulnaar
@barbaraatein

30. आग़ाज़-ए-सफ़र - यात्रा की सुरुआत

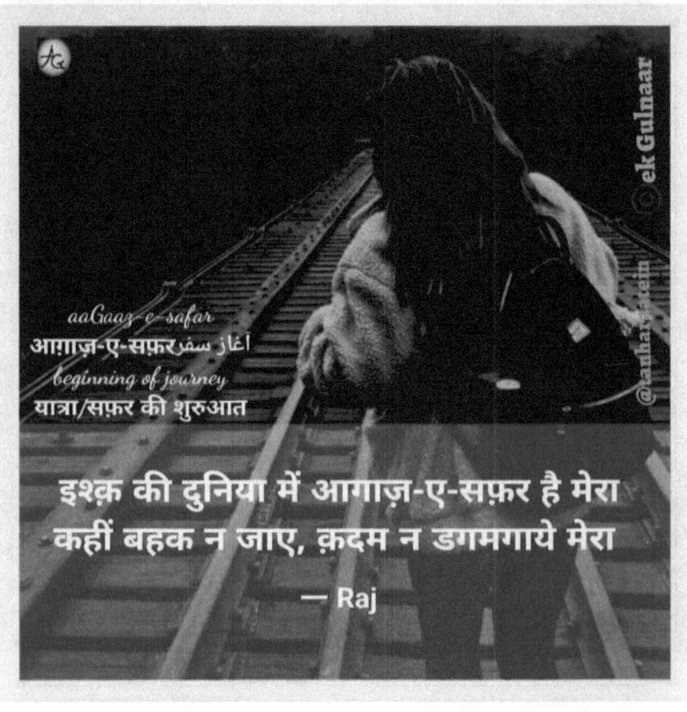

31. मंज़िल-ए-मक़्सूद - वांछित गंतव्य

32. दर्द-ए-जुदाई

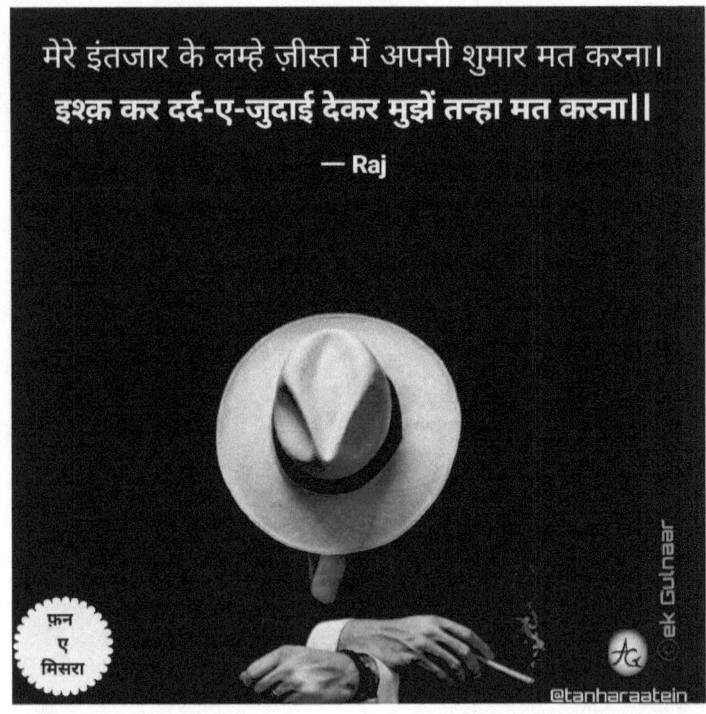

मेरे इंतजार के लम्हे ज़ीस्त में अपनी शुमार मत करना।
इश्क़ कर दर्द-ए-जुदाई देकर मुझें तन्हा मत करना।।
— Raj
फ़न ए मिसरा
©ek Gulnaar
@tanharaatein

33. रियाज़ - अभ्यास

रियाज़
riyaaz·ریاض
practice/अभ्यास
@tanharaatein
©ek Gulmaar
इज़हार-ए-मोहब्बत रियाज़ कर नहीं किया जाता
मोहब्बत हो जाता है कहीं सिखाया नहीं जाता
— Raj

34. आँसुओ से धोता था

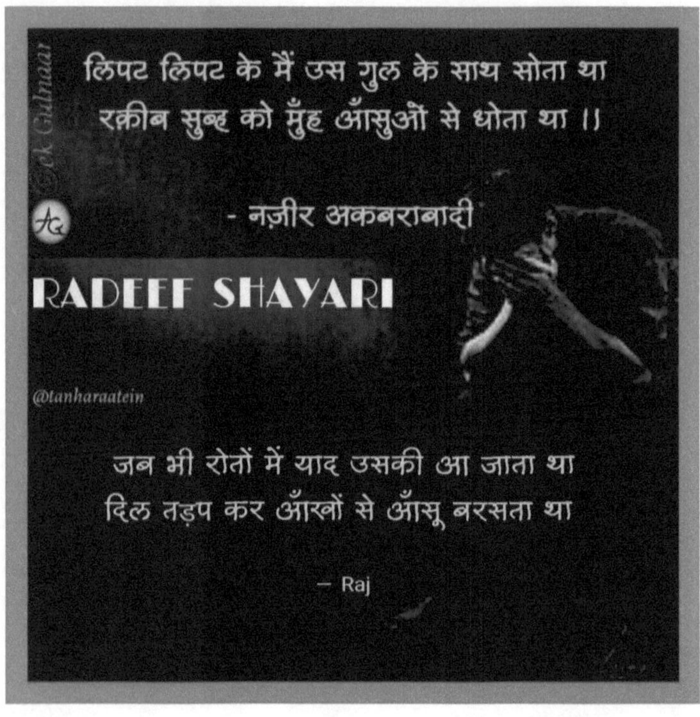

लिपट लिपट के मैं उस गुल के साथ सोता था
रक़ीब सुब्ह को मुँह आँसुओ से धोता था ।।

- नज़ीर अकबराबादी

RADEEF SHAYARI

@tanharaatein

जब भी रोतों में याद उसकी आ जाता था
दिल तड़प कर आँखों से आँसू बरसता था

— Raj

35. मर्तबान - बरनी

मर्तबान
مرتبان martabaan
बरनी/ porcelain Jar
@tanharaatein
©ek Gulnaar
जितना जी चाहे उतना तुम इश्क़ कर ले
दिल-ए-मर्तबान मोहब्बत से भरा हुआ है
— Raj

36. शहंशाह-ए-जज़्बात

37. कफ़गीर - करछुल

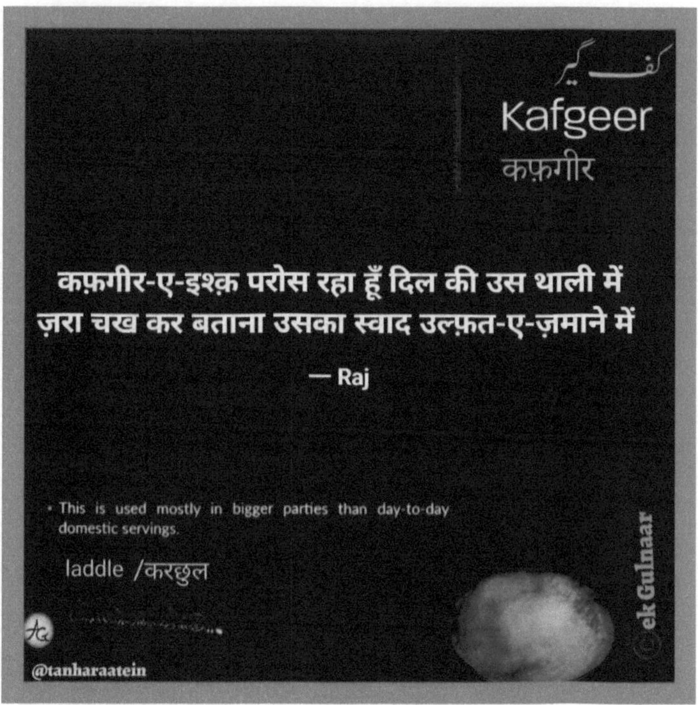

38. मो'तबर - विश्वसनीय

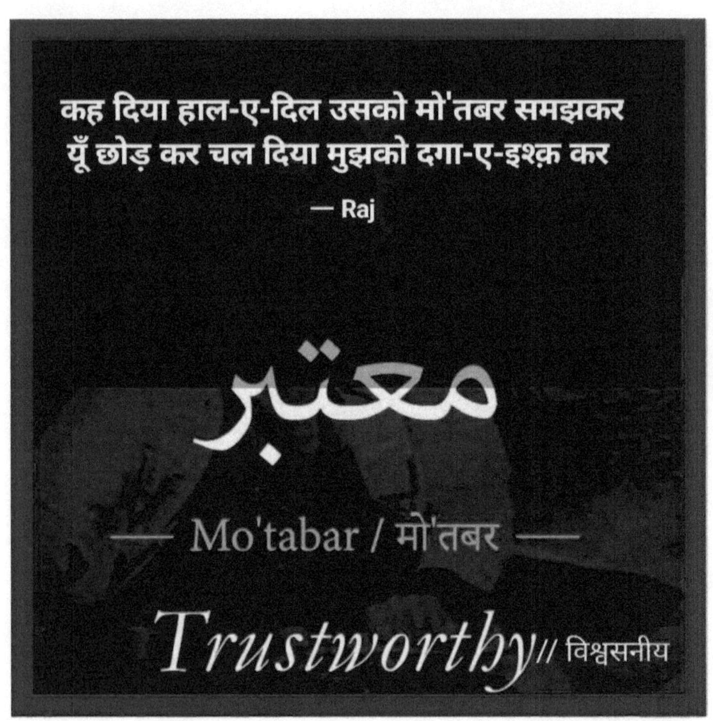

39. ख़ालिक़ - ईश्वर

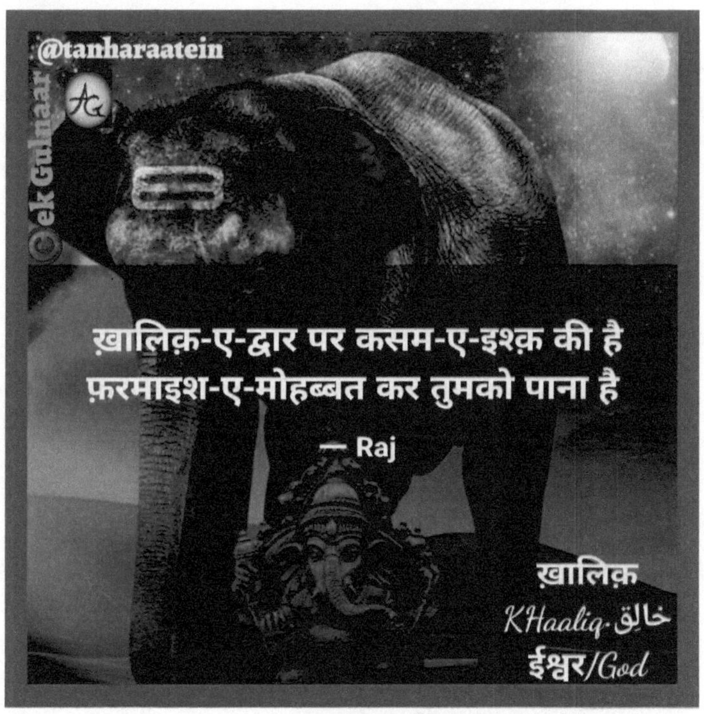
@tanharaatein
©ek Gulnaar
ख़ालिक़-ए-द्वार पर कसम-ए-इश्क़ की है
फ़रमाइश-ए-मोहब्बत कर तुमको पाना है
— Raj
ख़ालिक़
KHaaliq·خالق
ईश्वर/God

40. चश्म-ए-यार - प्रियतम की आँख

41. गरजते हो बरस जाओ

42. एहसास की लज़्ज

एहसास की लज़्ज़त के क़रीब आ जाओ।
अन्फ़ास की निगहत के क़रीब आ जाओ।।
- शौकत परदेसी
PADEEF SHAYARI
@tanharaatein
© ek Gulnaär
लज़्ज़त है उसी की उल्फ़त में बहुत मज़ा किया।
ज़िन्दगी मुकम्मल हुआ जब मैंने इश्क़ किया।।
— Raj

43. हिफ़ाज़त - रक्षा

मामूली सा धागा नहीं ये रेशम का डोर है
दिल से बंधा गया हिफ़ाज़त का प्रतिक है

— Raj

हिफ़ाज़त | حفاظت

HIFAAZAT
(PROTECTION) रक्षा

44. मौसम-ए-बरसात

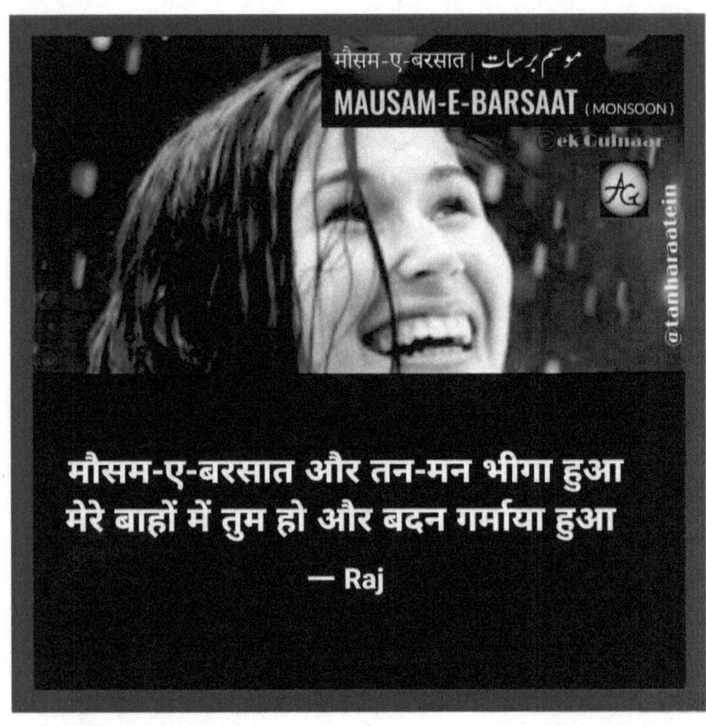

मौसम-ए-बरसात
MAUSAM-E-BARSAAT (MONSOON)
©ek Gulnaar
@tanhaaraatein
मौसम-ए-बरसात और तन-मन भीगा हुआ
मेरे बाहों में तुम हो और बदन गर्माया हुआ
— Raj

45. नरगिस-ए-साहिर - जादूगर की आँखे

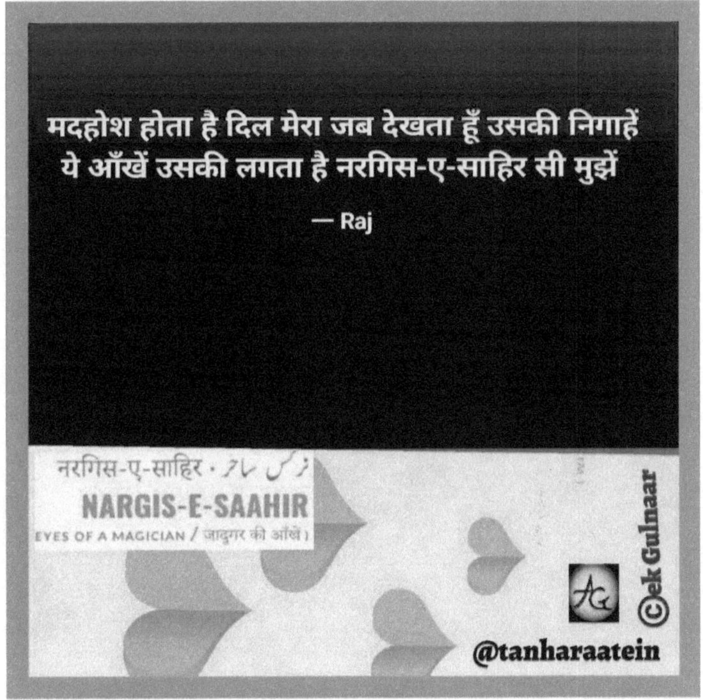

46. मग़रिब - पस्चिम

مغرب
Maghrib
मग़रिब
(WEST)
@tanharaatein
मग़रिब से निकली है इन्सानियत की तकलीफ़ सारी
बढ़ावा देके आतंकवाद मिट गई है इन्सानियत सारी
— Raj

47. तशफ़्फ़ी - सन्तोष

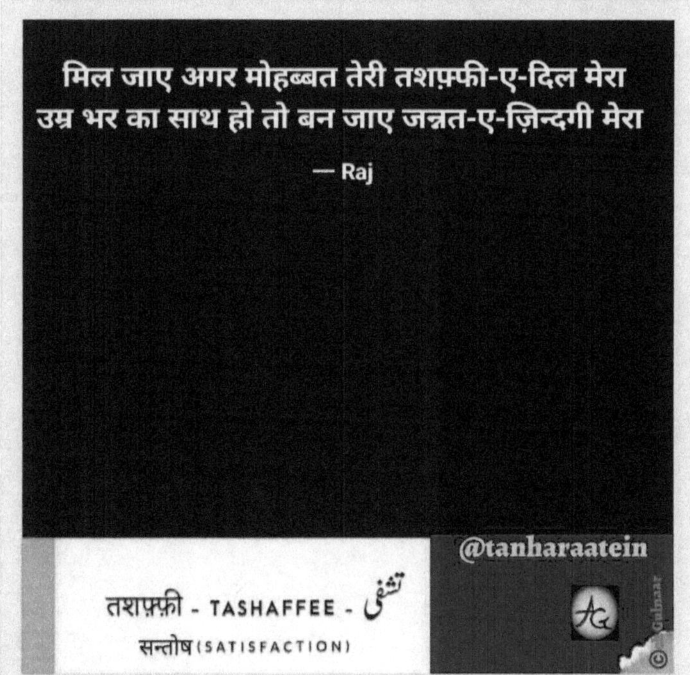

मिल जाए अगर मोहब्बत तेरी तशफ़्फ़ी-ए-दिल मेरा
उम्र भर का साथ हो तो बन जाए जन्नत-ए-ज़िन्दगी मेरा

— Raj

तशफ़्फ़ी - TASHAFFEE - تشفی
सन्तोष (SATISFACTION)

@tanharaatein

48. मकतब-ए-मोहब्बत - प्रेम की पाठशाला

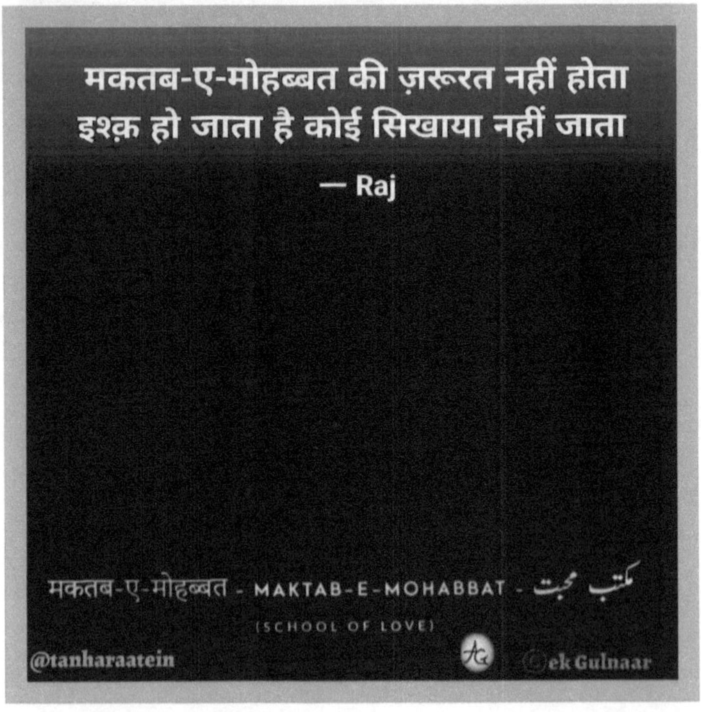

49. रफ़ीक़ - मित्र

मोहब्बत और साथ निभाया है रफ़ीक़ ने मेरा
मुश्किल वक़्त हो या ख़ुशियों का दिन हो मेरा
— Raj
رفيق
F.R.I.E.N.D // मित्र
Rafiiq / रफ़ीक़
@ek Gulnaar
@tanharaatein

50. माज़ी-परस्ती - बिता हुआ पल

51. उल्फ़त के पंख

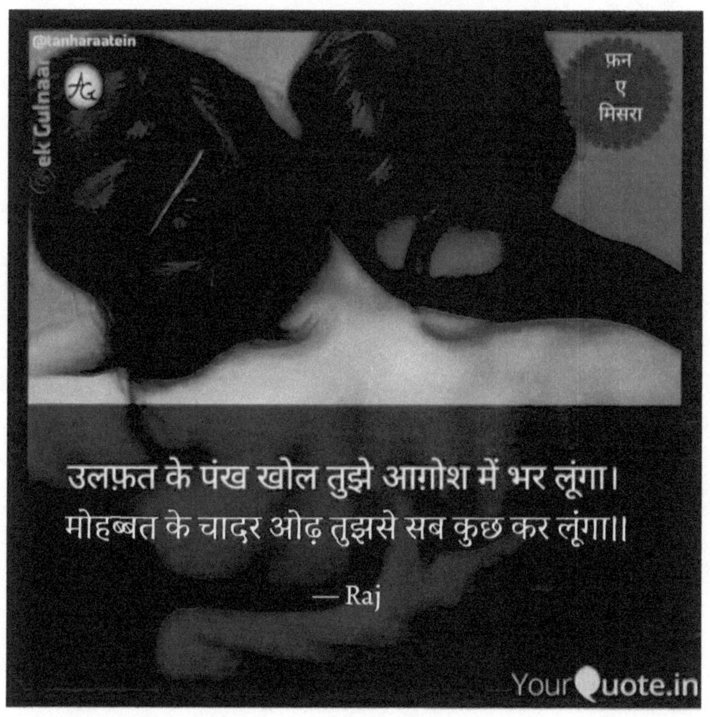

@tanharaatein
ek Gulnaar
फ़न
ए
मिसरा
उलफ़त के पंख खोल तुझे आग़ोश में भर लूंगा।
मोहब्बत के चादर ओढ़ तुझसे सब कुछ कर लूंगा।।
— Raj
YourQuote.in

52. उसरत - कंगाली

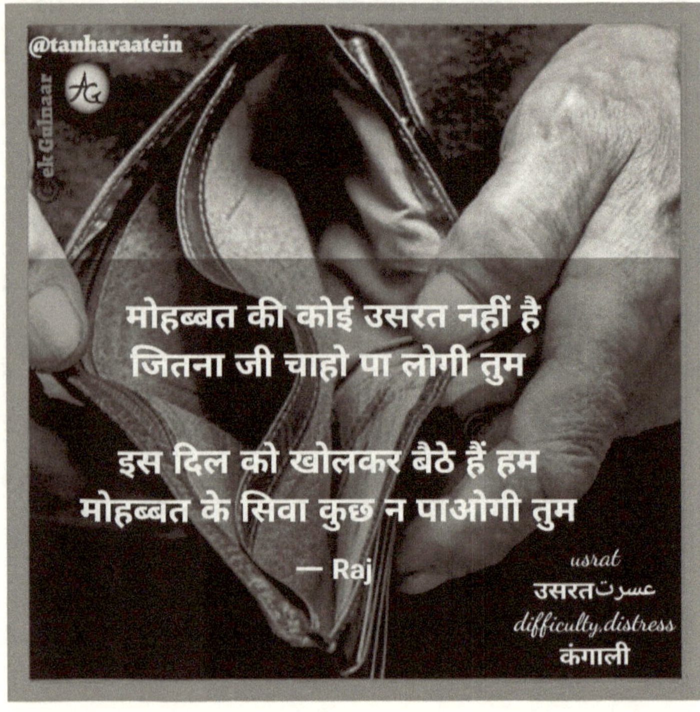

@tanharaatein
ek Gulnaar
AG
मोहब्बत की कोई उसरत नहीं है
जितना जी चाहो पा लोगी तुम

इस दिल को खोलकर बैठे हैं हम
मोहब्बत के सिवा कुछ न पाओगी तुम
— Raj
usrat
उसरत عسرت
difficulty.distress
कंगाली

53. जज़ा - मेहनत का फ़ल

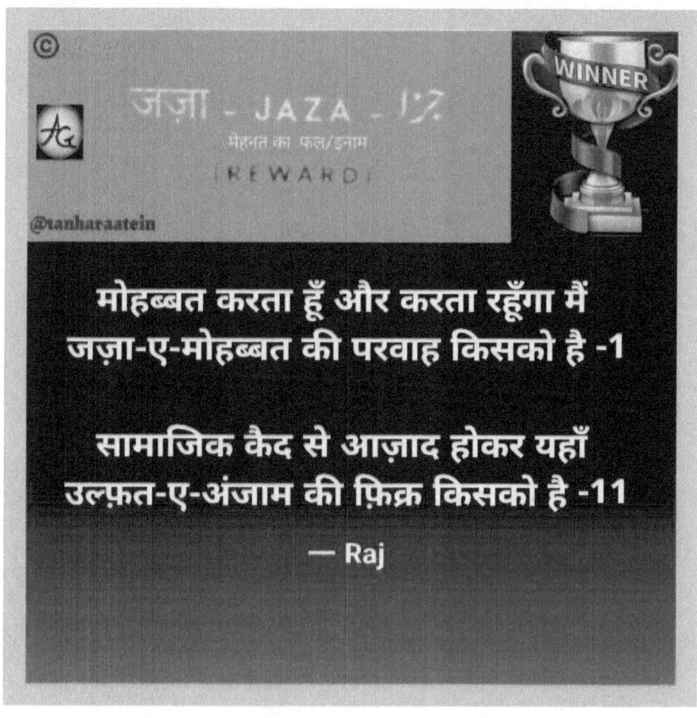

54. कहानी को मशहूर

Radeef-Shayari

ज़माने को उल्फ़त का दस्तूर कर दूँ।
मैं तेरी कहानी को मशहूर कर दूँ॥
- दिलकश नसीम

मशहूर ज़माने में तुमसे मोहब्बत कर लूँ।
मोहब्बत करके ज़िन्दगी तेरे नाम कर दूँ॥

— Raj

@tanharaatein
©ek Gulnaar

55. मुबहम - अस्पष्ट

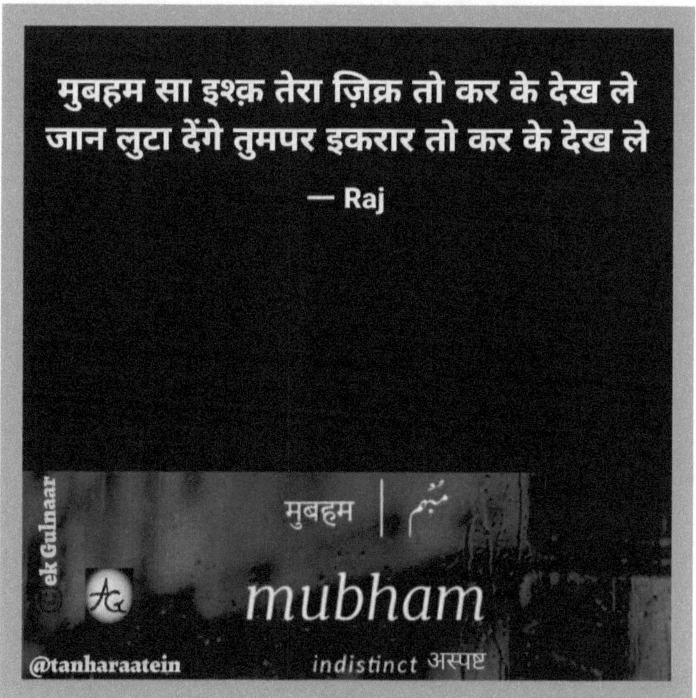

56. मुफ़सिद - शरारती

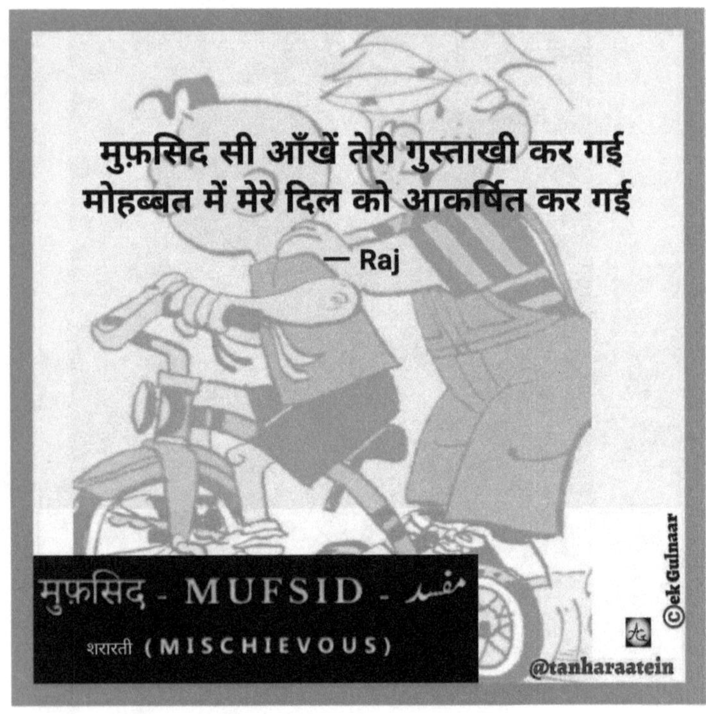

मुफ़सिद सी आँखें तेरी गुस्ताखी कर गई
मोहब्बत में मेरे दिल को आकर्षित कर गई
— Raj
मुफ़सिद - MUFSID - مفسد
शरारती (MISCHIEVOUS)
@tanharaatein
©ek Gulnaar

57. औसाफ़ - अच्छाइयाँ

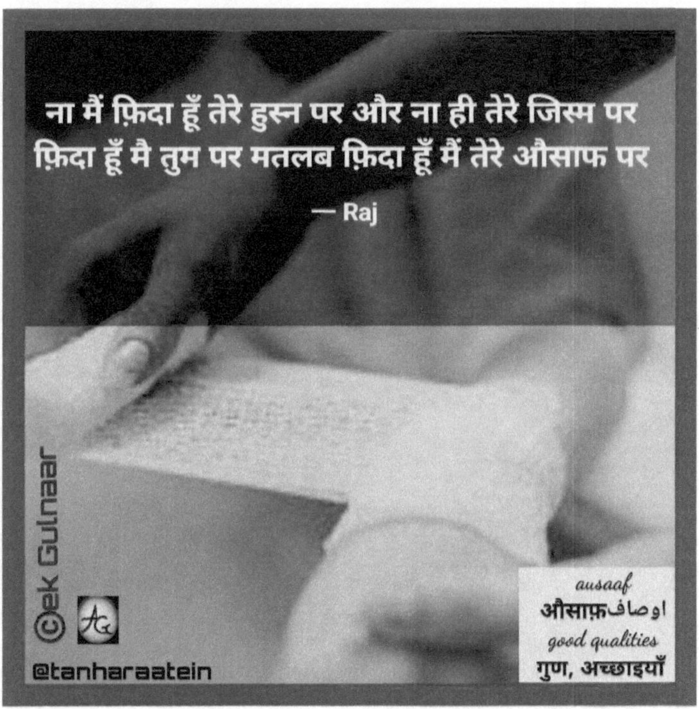
ना मैं फ़िदा हूँ तेरे हुस्न पर और ना ही तेरे जिस्म पर
फ़िदा हूँ मै तुम पर मतलब फ़िदा हूँ मैं तेरे औसाफ पर
— Raj
©ek Gulnaar
@tanharaatein
ausaaf
اوصاف
औसाफ़
good qualities
गुण, अच्छाइयाँ

58. नौजवानी - नवयौवन

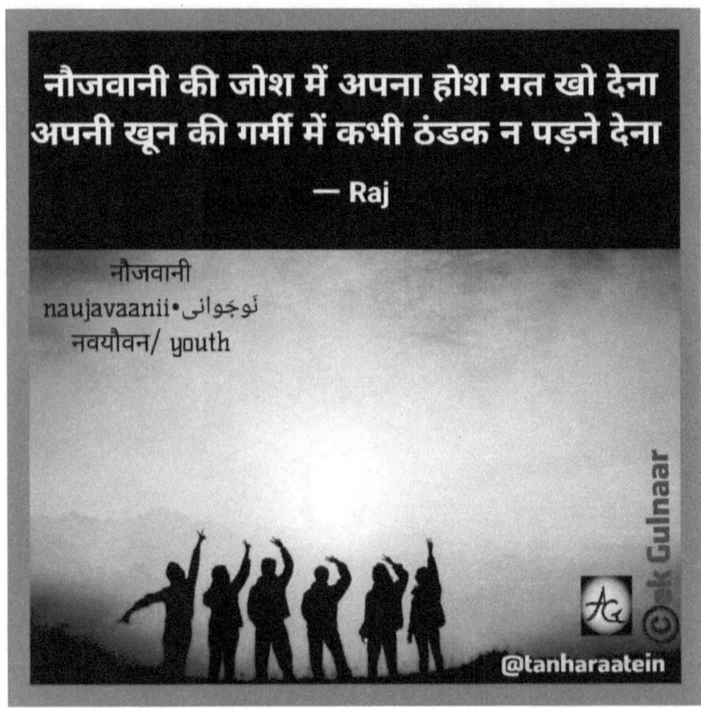

59. तूफ़ानी बारिश

तूफ़ानी बारिश
TOOFAANI BAARISH
(TORRENTIAL RAIN)
निकले थे लेकर मथुरा से गोकुल घने रात की अंधेरे में
कितना तूफ़ानी बारिश था और शेषनाग उसे बचाते रहे
— Raj

60. नुसरत - सहायता

नुसरत कर जान की हिफाज़त कर
हो सके तो इन्सान से मोहब्बत कर

— Raj

NUSRAT
नुसरत

(MEANING)
Help / सहायता

61. शमीम - सुगंध

फूलों सा शमीम है तेरे इश्क़ में सनम
पर क्या करें दिल की बात है दिल ही जाने
— Raj
SHAMIM
शमीम
(MEANING)
FRAGRANCE / सुगंध
@tanharaatein

62. कश्ती-रानी - नौका विहार

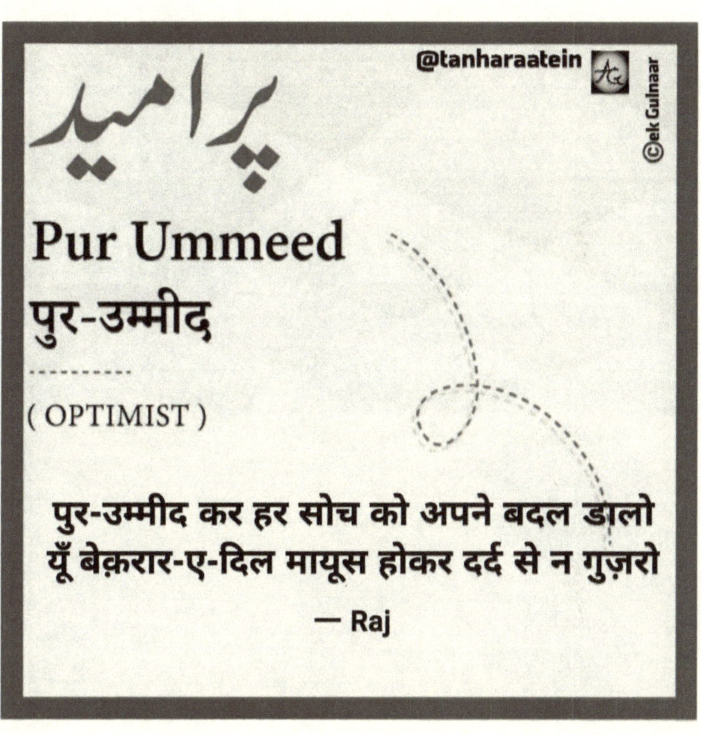
@tanharaatein
©ek Gulnaar
پر امید
Pur Ummeed
पुर-उम्मीद
(OPTIMIST)
पुर-उम्मीद कर हर सोच को अपने बदल डालो
यूँ बेक़रार-ए-दिल मायूस होकर दर्द से न गुज़रो
— Raj

64. पयाम - संदेश

पयाम | پیام

PAYAAM

(MESSAGE / संदेश)

65. वज़ा-दार - सजीला

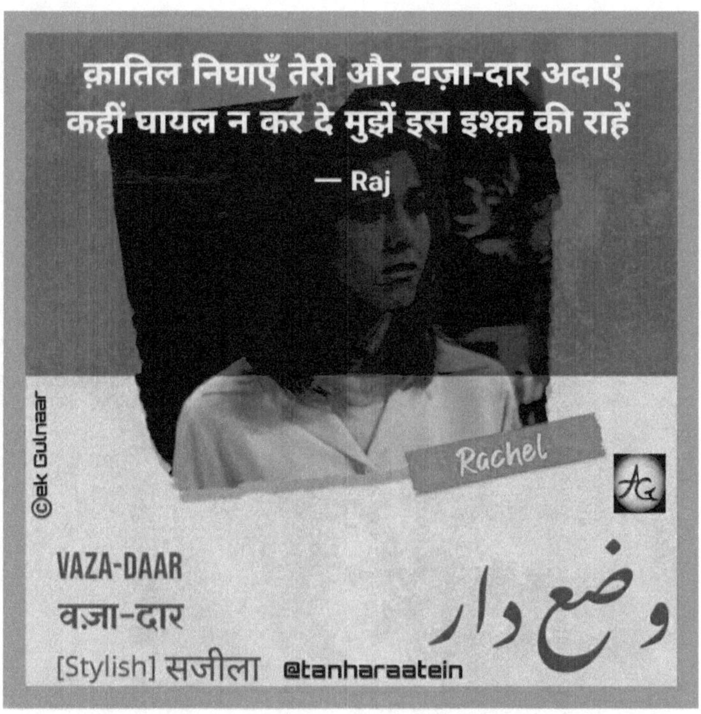

क़ातिल निघाएँ तेरी और वज़ा-दार अदाएं
कहीं घायल न कर दे मुझें इस इश्क़ की राहें
— Raj
©ek Gulnaar
Rachel
VAZA-DAAR
वज़ा-दार
[Stylish] सजीला   @tanharaatein

66. क़ब्ल-ए-सफ़र - यात्रा से पहले

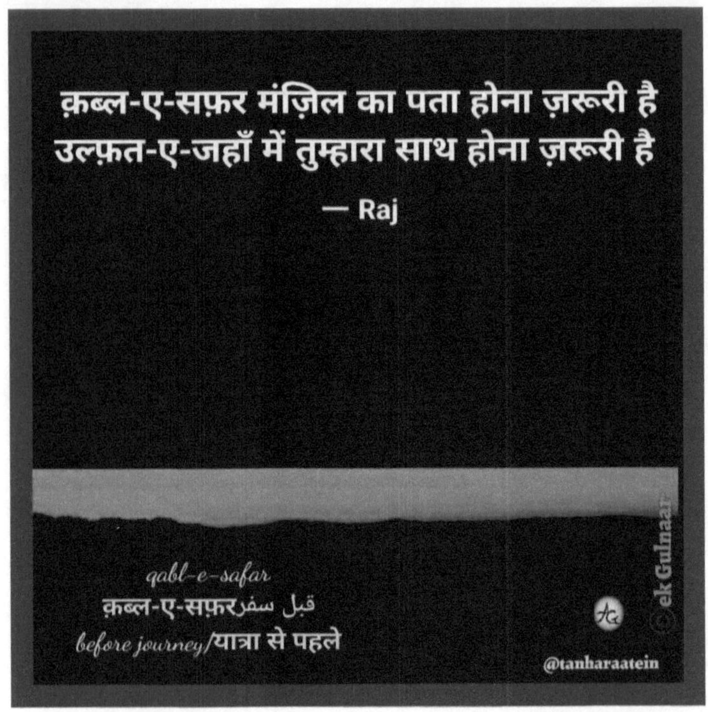

67. पोशीदा सा हयात

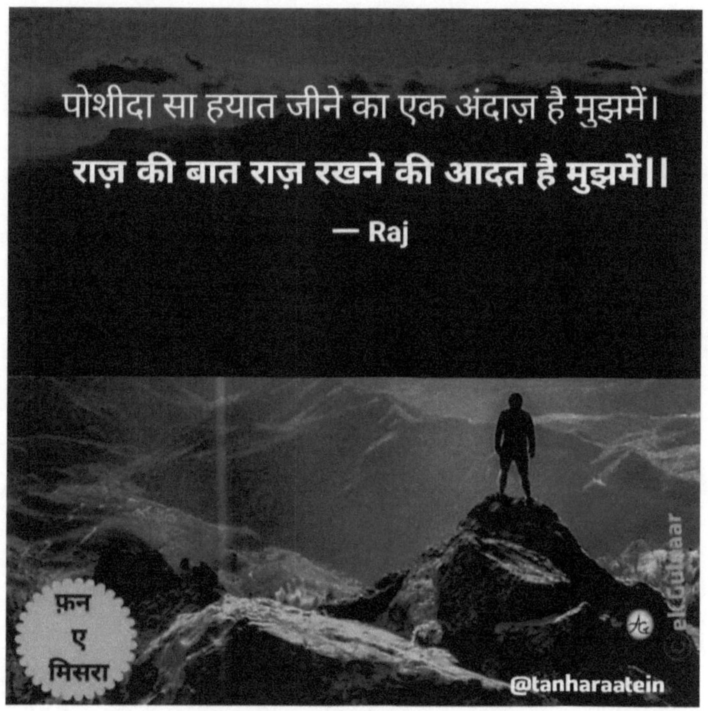

पोशीदा सा हयात जीने का एक अंदाज़ है मुझमें।
राज़ की बात राज़ रखने की आदत है मुझमें।।
— Raj
फ़न ए मिसरा
@tanharaatein

68. क़ुर्बत - नज़दीकी

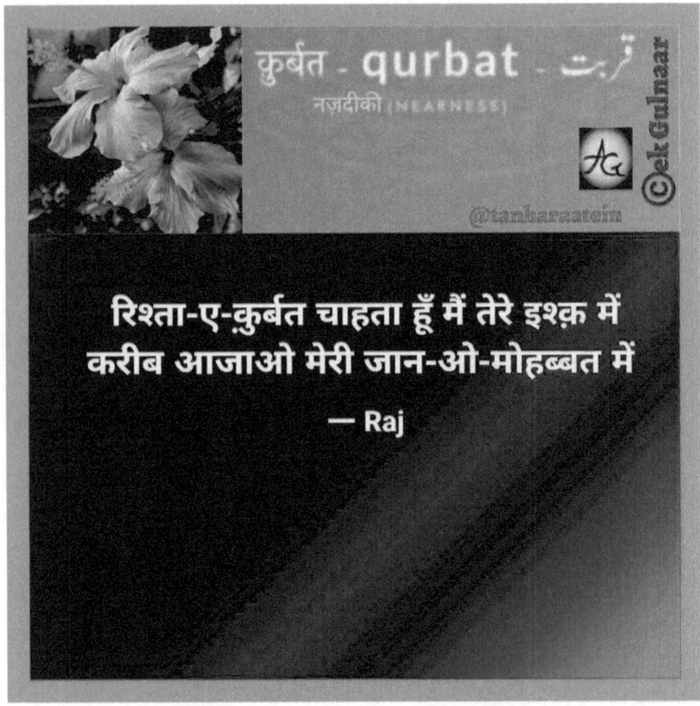

क़ुर्बत - qurbat
नज़दीकी (NEARNESS)
@tanharaatein
©ek Gulnaar
रिश्ता-ए-क़ुर्बत चाहता हूँ मैं तेरे इश्क़ में
करीब आजाओ मेरी जान-ओ-मोहब्बत में
— Raj

69. रज़्म - युद्ध/लड़ाई

70. साहिराना - जादुई

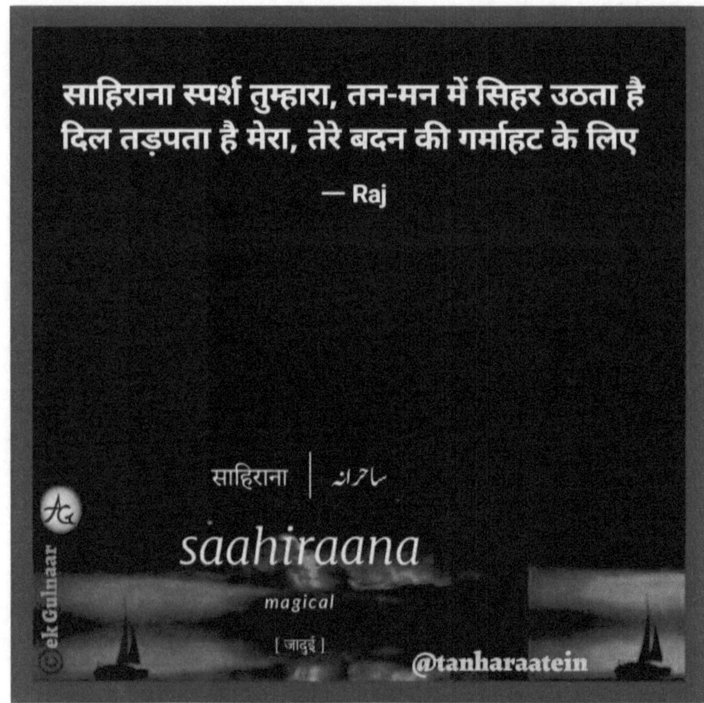

साहिराना स्पर्श तुम्हारा, तन-मन में सिहर उठता है
दिल तड़पता है मेरा, तेरे बदन की गर्माहट के लिए
— Raj
साहिराना
saahiraana
magical
[जादुई]
ek Gulnaar
@tanharaatein

71. साइद - रेत की घड़ी

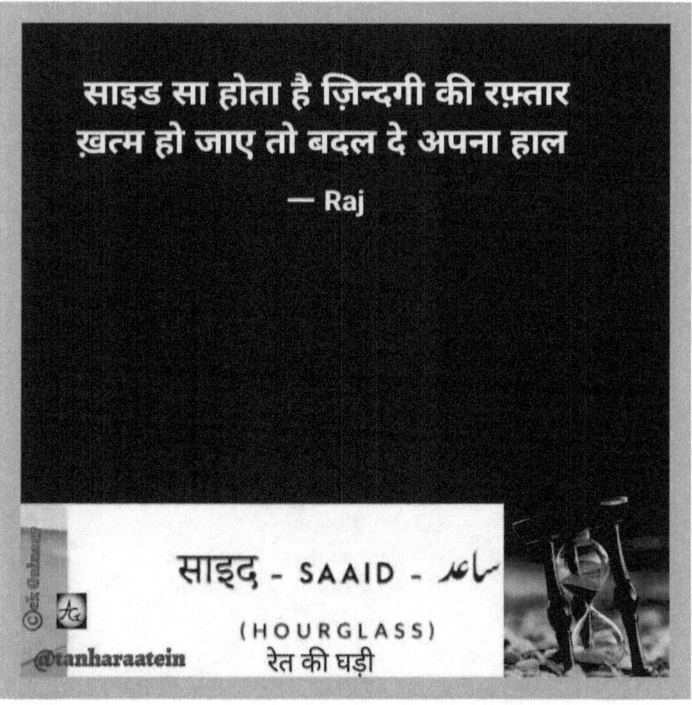
साइड सा होता है ज़िन्दगी की रफ़्तार
ख़त्म हो जाए तो बदल दे अपना हाल
— Raj
साइद - SAAID - سعید
@ek Gulzear
@tanharaatein
(HOURGLASS)
रेत की घड़ी

72. धनक - इन्द्रधनुष

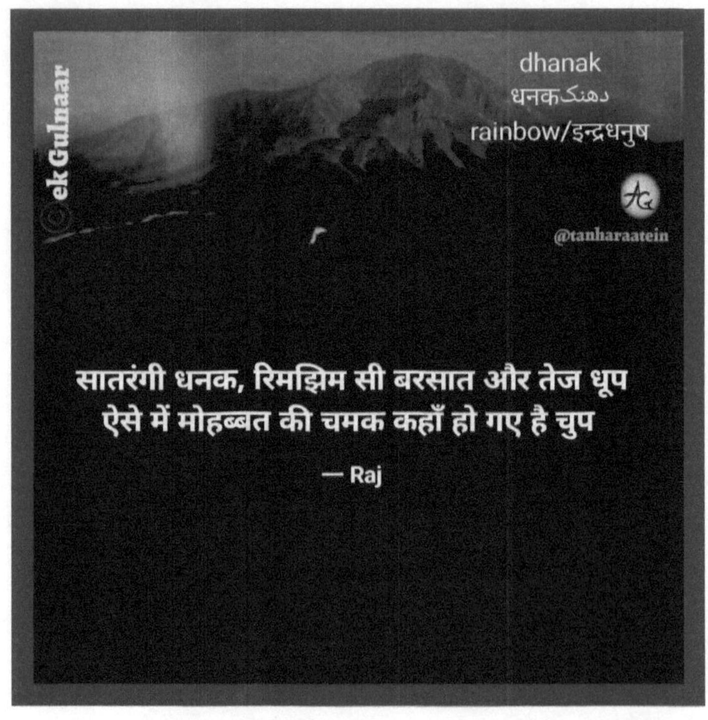

73. साज़ - वाद्य-यंत्र

@tanharaatein
سازِ
SAAZ
साज़
(Musical Instrument
/ वाद्य-यंत्र)
साज़-ए-संगीत बन रहा है इस दिल की हर तार मेरा
जैसे कोई कोयल गाये गीत इश्क़ की सुनकर पुकार
— Raj

74. सदफ़ - सीपी/सितुही/ शंख

75. शदीद = तेज़/प्रबल

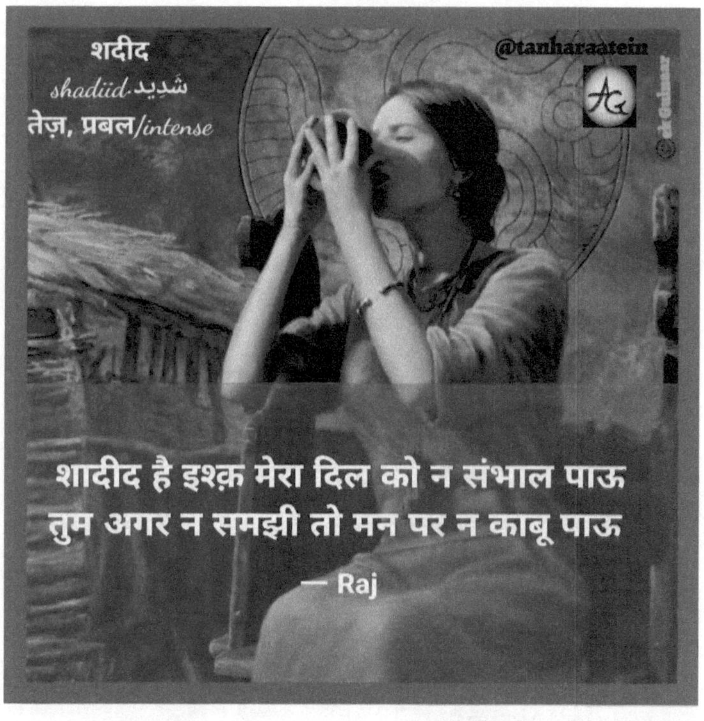

76. शब-नवर्दी - रात्रि पथिक

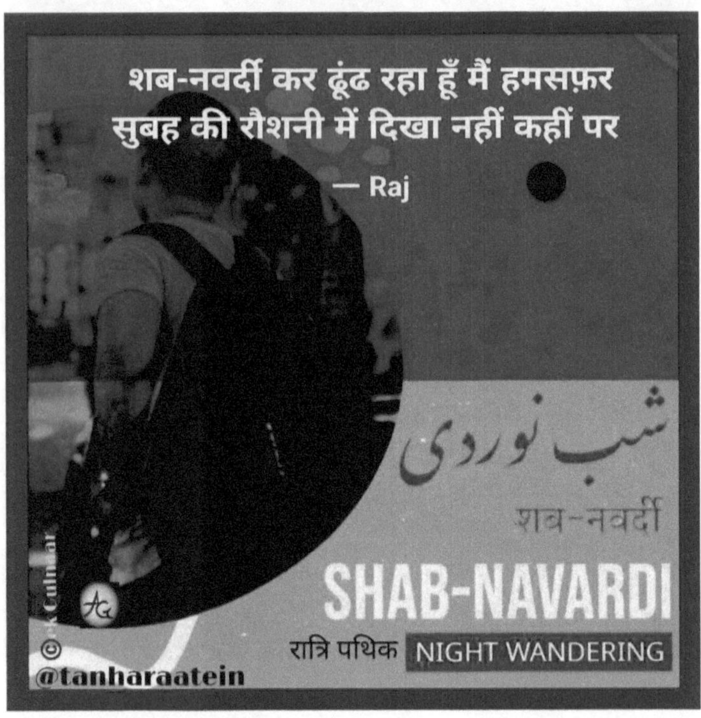

77. शकेब - धैर्य

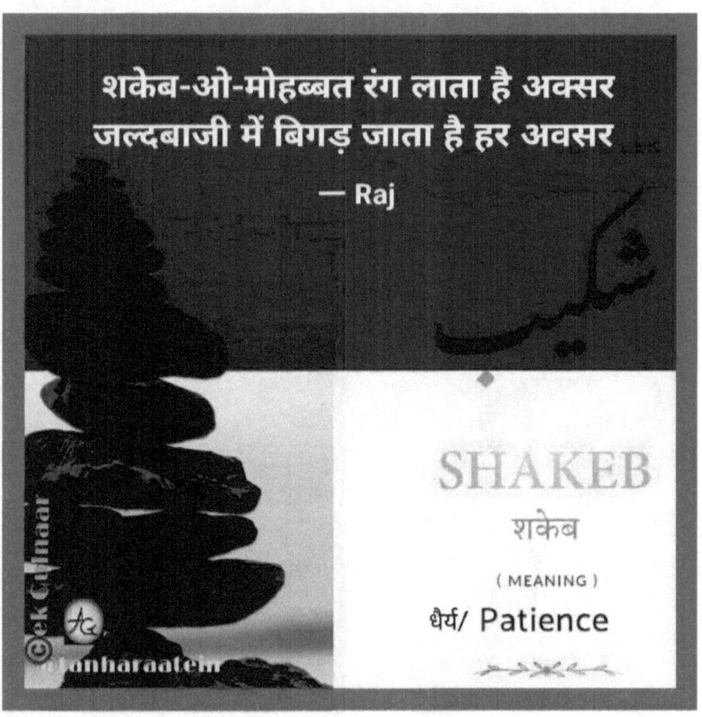

शकेब-ओ-मोहब्बत रंग लाता है अक्सर
जल्दबाजी में बिगड़ जाता है हर अवसर
— Raj
SHAKEB
शकेब
(MEANING)
धैर्य/ Patience

78. समद - स्वार्थरहित

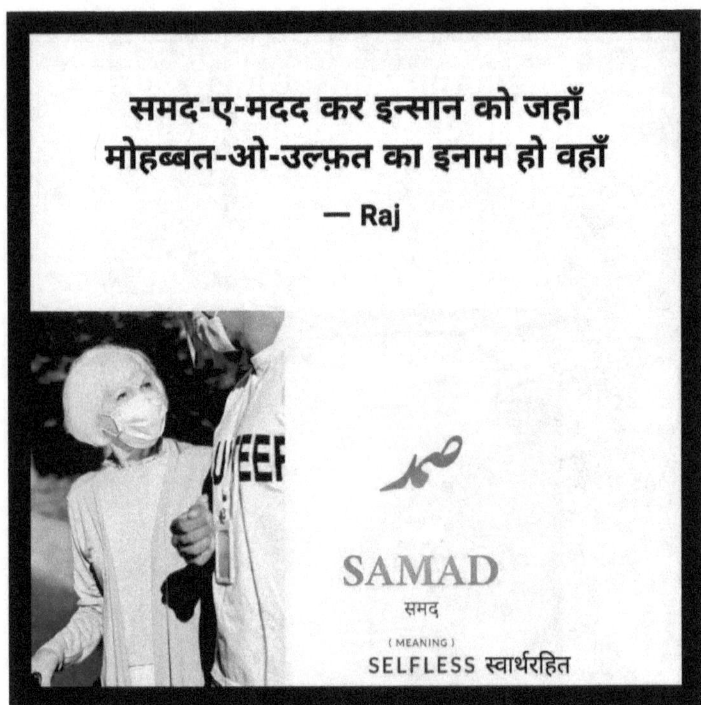

79. अश्क-ए-बुलबुल -
बुलबुल की अश्रु

80. गोशे - कोने

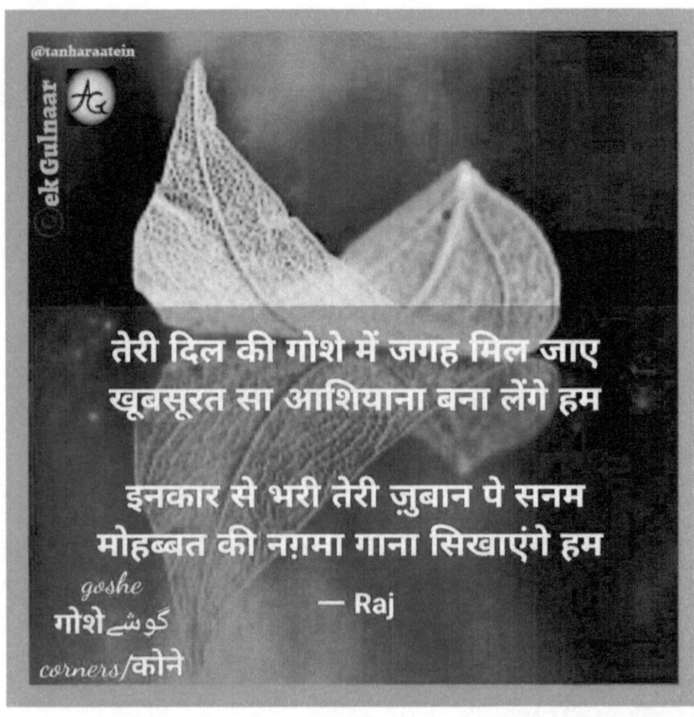

@tanharaatein
@ek Gulnaar
तेरी दिल की गोशे में जगह मिल जाए
खूबसूरत सा आशियाना बना लेंगे हम

इनकार से भरी तेरी ज़ुबान पे सनम
मोहब्बत की नग़मा गाना सिखाएंगे हम

— Raj

goshe
गोशे گوشے
corners/कोने

81. चाद सा चांदनी

@tanharaatein

फ़न
ए
मिसरा

इक मुजस्समा चांद सा चांदनी ओढ़े खड़ा था।
तेरी इंतजार में राह पर नज़रें बिछाये खड़ा था।।

— Raj

82. मसला न रहा

फ़न ए मिसरा
©ek Gulnaar
दिल को तेरी वो आरज़ू न रही वो मसला न रहा।
तेरी मोहब्बत में मैं डूबी रही और तुम मुझें तड़पता रहा।।
— Raj

83. कभी दर देखता

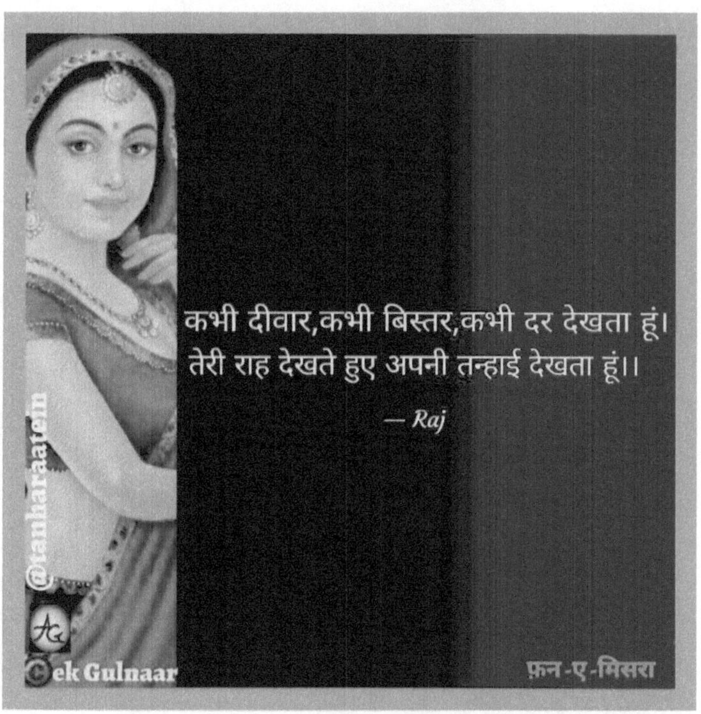

कभी दीवार,कभी बिस्तर,कभी दर देखता हूं।
तेरी राह देखते हुए अपनी तन्हाई देखता हूं।।
— Raj
@tanharaatein
ek Gulnaar
फ़न-ए-मिसरा

84. तहरीक-ए-आज़ादी

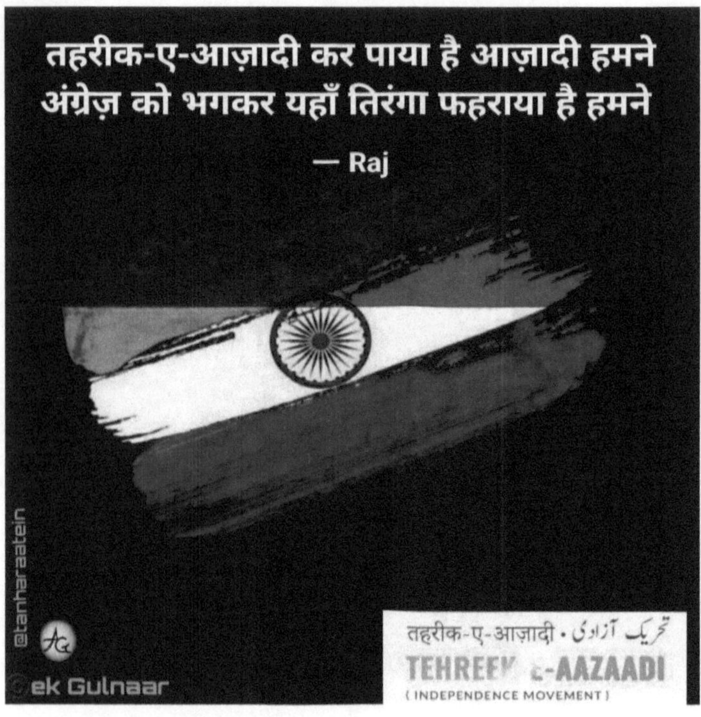

तहरीक-ए-आज़ादी कर पाया है आज़ादी हमने
अंग्रेज़ को भगकर यहाँ तिरंगा फहराया है हमने
— Raj
@tanharaatein
ek Gulnaar
तहरीक-ए-आज़ादी • تحریک آزادی
TEHREEK-e-AAZAADI
(INDEPENDENCE MOVEMENT)

85. तीर-अंदाज़ी - धनुर्विद्या

86. तकल्लुफ़ ना करें

@tanharaatein

87. मुसन्निफ़ - लेख़क

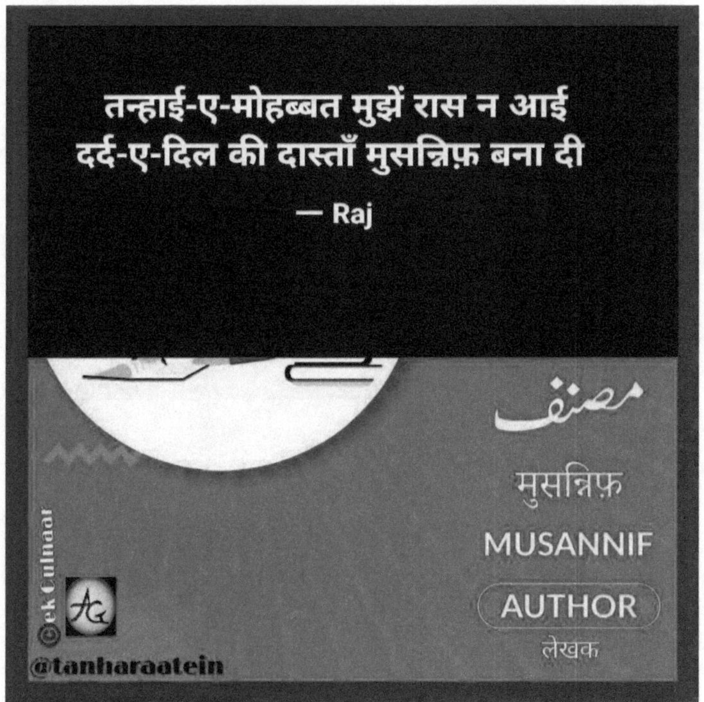

तन्हाई-ए-मोहब्बत मुझें रास न आई
दर्द-ए-दिल की दास्ताँ मुसन्निफ़ बना दी
— Raj
مصنف
मुसन्निफ़
MUSANNIF
AUTHOR
लेख़क
©ek Gulnaar
@tanharaatein

88. मुकम्मल कर दो

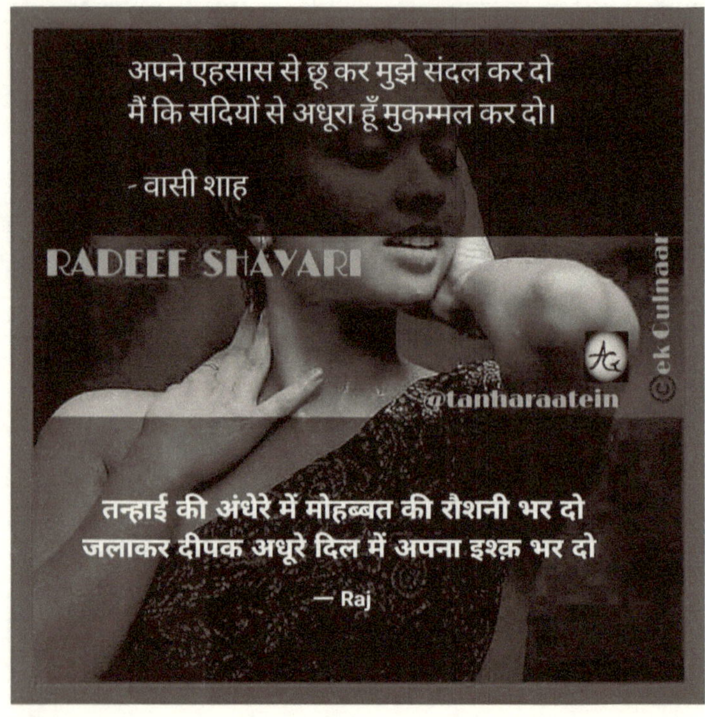

अपने एहसास से छू कर मुझे संदल कर दो
मैं कि सदियों से अधूरा हूँ मुकम्मल कर दो।

- वासी शाह

RADEEF SHAYARI

@tanharaatein

©ek Culnaar

तन्हाई की अंधेरे में मोहब्बत की रौशनी भर दो
जलाकर दीपक अधूरे दिल में अपना इश्क़ भर दो
— Raj

89. तर्ज़-ए-सुख़न - कविता लेखन शैली

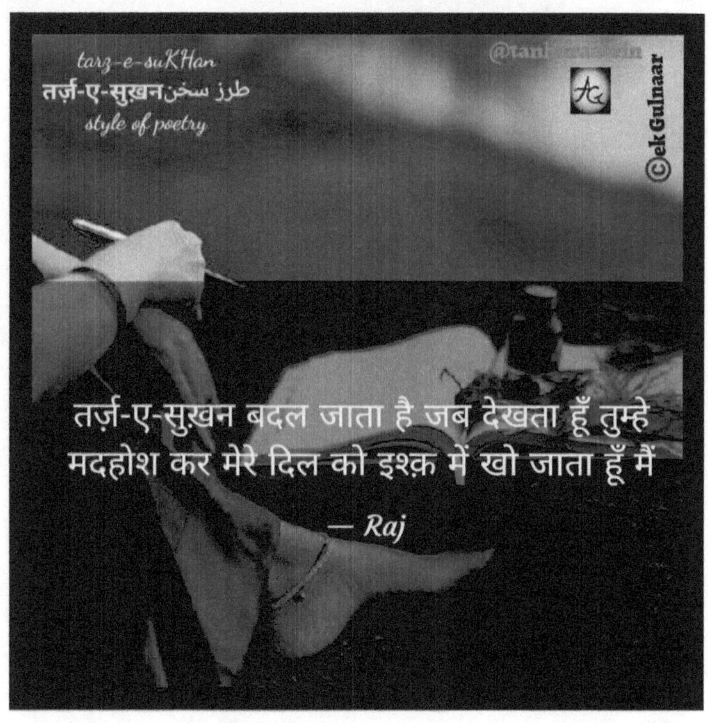

90. तस्वीर-ए-दर्द

@tanharaatein
©ek Gulnaar
tasviir-e-dard
तस्वीर-ए-दर्द درد تصویر
image of pain
तस्वीर-ए-दर्द छलक रहा है आँखों में तेरी
मरहम-ए-इश्क़ लगा लूँ आ गले लग जा मेरे
— Raj

91. कर्ब - पीड़ा

@tanharaatein
उल्फ़त-ए-दिल को तरस गया हूँ यहाँ मैं
सहता रहा कर्ब-ए-नफ़रत इस जहाँ में
— Raj
कर्ब
karb.کَرْب
पीड़ा/agony

92. गुज़िश्ता - अतीत

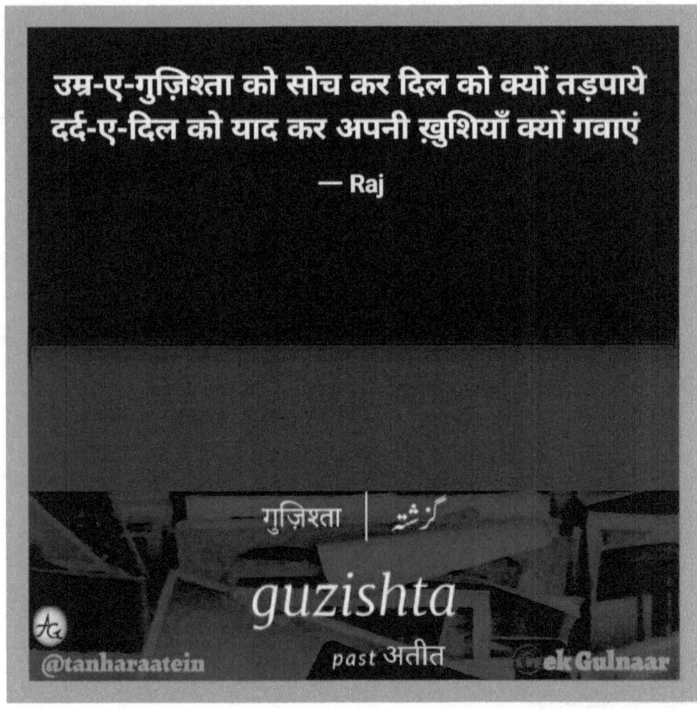

उम्र-ए-गुज़िश्ता को सोच कर दिल को क्यों तड़पाये
दर्द-ए-दिल को याद कर अपनी ख़ुशियाँ क्यों गवाएं
— Raj
गुज़िश्ता
guzishta
past अतीत
@tanharaatein
ek Gulnaar

93. उस्ताद - गुरु

उस्ताद हो तुम हर उस बात का
जिस बात का शागिर्द हूँ मैं तेरा
— Raj
استاد
उस्ताद
USTAAD
गुरू TEACHER
@tanharaatein

94. वज़्न-बरदारी - वजन उठाना

95. मदहोशी का आलम

प्रन ए मिसरा
ek Gulnaar
@tanharaatein
वो मदहोशी का आलम वो मख़मूर सी उसकी आँखें।
वो ख़ूबसूरत सा समा वो मोहब्बत भरी उसकी बातें।।
— Raj

96. वतन फरोशी

वो देश की मिट्टी से मोहब्बत नहीं करते।
जो माँ की तरह हिन्द की इज़्ज़त नहीं करते।।

- इक़बाल अहमद इक़बाल

Radeef Shayari

India @ 75

@tanharaatein

©ek Gulnaar

वो वतन फ़रोश कभी हुआ नहीं करते
जो देश की मिट्टी से ईमानफ़रोशी नहीं करते

— Raj

97. कर्बला का मंज़र

@tanharaatein
©ek Gulnaar
फ़न ए मिसरा
निगाह ओ दिल में वही कर्बला का मंज़र था।
याद कर क़ुरबानी सब की आँखों में अश्क़ था
— Raj

98. हरीफ़ - प्रतिद्वंद्वी

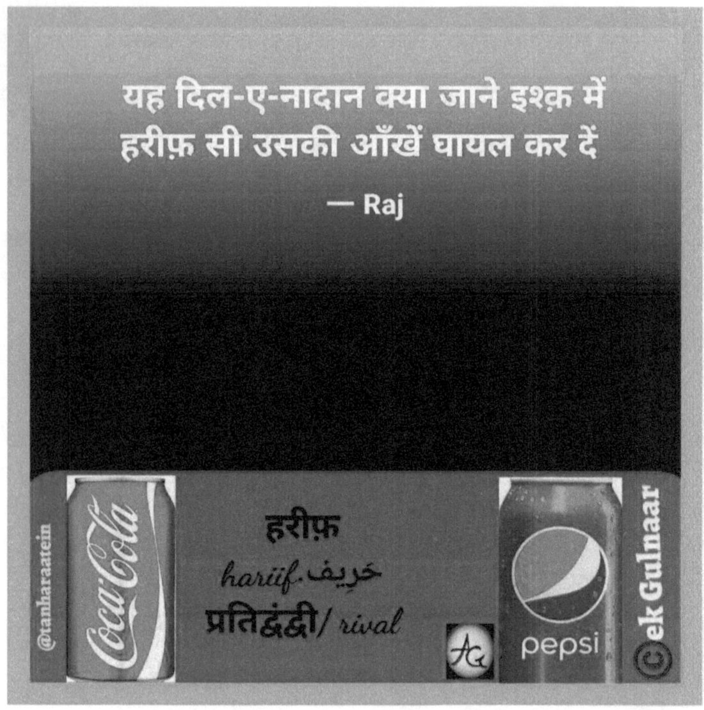

99. माज़रत,दोबारा इरशाद फरमाए

100. सफी - पवित्र

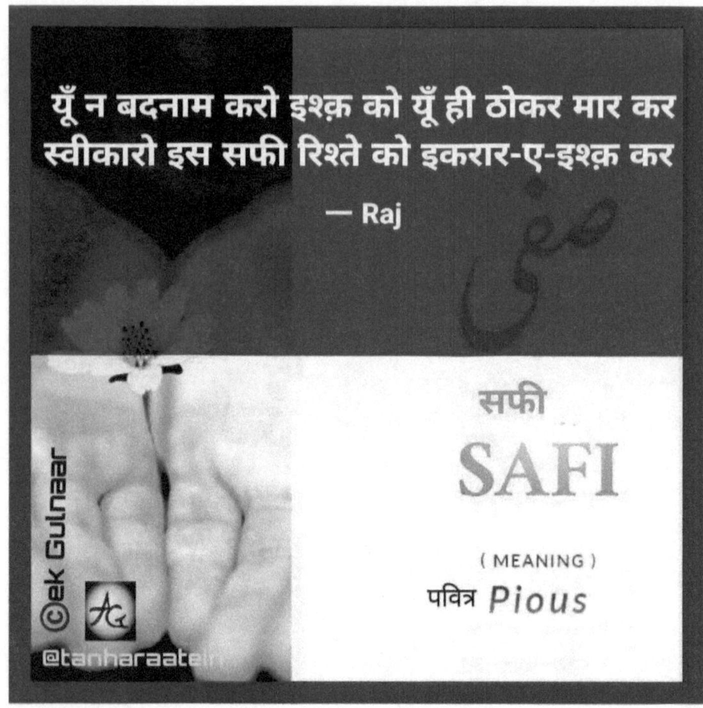

यूँ न बदनाम करो इश्क़ को यूँ ही ठोकर मार कर
स्वीकारो इस सफी रिश्ते को इकरार-ए-इश्क़ कर
— Raj
©ek Gulnaar
@tanharaatein
सफी
SAFI
(MEANING)
पवित्र Pious

अस्वीकरण

सभी रचनाएँ कल्पना पर आधारित हैं। इसका लेखक के जीवन या ब्रह्मांड में किसी से कोई लेना-देना नहीं है। सभी लेख काल्पनिक हैं और किसी जीवित या मृत व्यक्ति से कोई समानता नहीं है। यदि कोई समानता है तो यह मात्र संयोग है।

लेखक की जीवनी

श्री के.सी. श्रीराज मेनन, जिनका जन्म केरल के एक संपन्न परिवार में 09 सितंबर 1973 को श्री कोझीपुरथ संकुन्नी मेनन और श्रीमती किज़हारा चालापुरथ सेथुलक्ष्मी मेनन के घर हुआ और महाराष्ट्र में अधिवासित हैं। वह बचपन से ही तेज-तर्रार शायरी करते थे, कहते और भूल जाते थे। एक बार उनके एक करीबी दोस्त ने इस पर गौर किया और उन्हें जो भी कविताएँ या उद्धरण कहते थे, उन्हें लिखने के लिए मजबूर किया और तब से उन्होंने लिखना शुरू कर दिया। उन्होंने अपनी कविताओं और उद्धरणों को अपने और अपने करीबी दोस्तों के पास तब तक सीमित रखा जब तक उन्हें अपने कामों को ऑनलाइन लिखने के लिए एक मंच नहीं मिला। वह Your Quote साइट पर एक सक्रिय लेखक हैं और उन्हें प्रतियोगिता के लिए कई प्रशंसापत्र और प्रमाणपत्र प्राप्त हुए हैं। वह एक बहुभाषी लेखक हैं और उनका लेखन विस्मयकारी है। चाहे वह अंग्रेजी, हिंदी, उर्दू, मलयालम और मराठी हो, वह सभी भाषाओं में उत्कृष्ट है। वह कई दिलचस्प लेखकों के लिए एक बड़ी प्रेरणा भी हैं। वह मुंबई विश्वविद्यालय से स्नातक हैं। वह एक एकाउंटेंट हैं और एक स्व-शिक्षित कंप्यूटर इंजीनियर भी हैं। उनके कौशल शीर्ष पायदान पर हैं और उनके पास कई प्रमाणपत्र हैं। अभिनय, लेखन, पेंटिंग और नृत्य और संगीत सुनना आदि... आदि उनके जुनून हैं।
Mail Id.: shreeraj_m@yahoo.co.uk